DECLARATION
DV ROY,

PORTANT QVE TOVS LES
Exploicts que les Huiſſiers & Sergens
feront, ſoit en vertu des Arreſts de noſtre Conſeil de nos Cours, Sentences, & Iugemens, ou des Contracts,
Obligations, ou autres Actes, excepté
ceux concernant l'inſtruction des procez, ſeront enregiſtrez & ſcellez par
le garde du petit Scel de chaque Iu-
riſdiction. du 16. eMay 1639.

Verifiée en Parlement le 22. Aouſt 1639.

A PARIS,
Par PIERRE ROCOLET, Imprim. &
Libraire ordinaire du Roy, au Palais, aux
Armes du Roy, & de la Ville.

M. DC. XXXXIX.
Auec Priuilege de ſa Majeſté.

(21)

LOVYS par la grace de Dieu, Roy de France et de Navarre. A tous ceux qui ces presentes Lettres verront: Salut. Les desordres & confusions qui arriuent par le temps, ayant porté plusieurs personnes à se licentier induëment au prejudice de nos sujets, contreuenans à nos Ordonnances & Reglemens publiez pour l'establissement du Sceau, & enregistrement des Arrests & Sentences de nos Cours & Iuges, ensemble des exploicts faits par les

A ij

4

Huissiers & Sergens ; nous esti-
mions y auoir suffisammét pour-
ueu par noftre Edict du mois dé
Mars 1619 veriffié en noftre Parlement de Paris : Neantmoins
nous auons receu diuerses plain-
tes qu'il se commet journellemét
des abus , fausfetez & antidattes
ausdites expeditions , qui don-
nent lieu à vne infinité de procez
& debats entre nos sujets, à leur
entiere ruyne,& au détriment de
noftre·dit droict de Sceau,qui eft
l'vn des plus anciens de noftre
Couronne. A ces cavses,
desirans faire cesser telles plain-
tes, nous estans fait reprefenter
les Edicts & Declarations de nos
predecesseurs Roys, & Nous, des
mois de Iuin 1568. Fevrier 1571.

Ianuier 1573. Ianuier 1595. Mars 1619. & Iuin 1627. regiſtrez à noſtre dit Parlement, & autres nos Cours, portant création des Offices de gardes des petits Sceaux en tous les Sieges & Iuriſdictions de ce Royaume : Et ayans recogneu que leſdits inconueniens aduiennent pour l'inobſeruation deſdits Edicts & Ordonnances; Apres auoir fait mettre en déliberation en noſtre Conſeil, les moyens que nous pourrions tenir pour empeſcher leſdits abus, fauſſetez, & antidattes, & faire valloir nos droicts de Sceau, pour nous en feruir aux grandes deſpences qu'il nous conuient ſupporter : SÇAVOIR FAISONS, que de l'aduis de noſtre-dit Con-

feil,& de noſtre certaine ſcience,
plaine puiſſance , & authoⸯité
Royale,interpretát leſdits Edicts
& Declarations , Nous auons par
nos preſentes Lettres de Declarations, perpetuelles & irreuoca-
bles, dit , ſtatué, & ordonné ; di-
ſons, ſtatuons, ordonnons, voulons & nous plaiſt, que d'oreſna-
uant, à commancer huit jours
apres la publication d'icelles en
noſtre Parlement de Paris, tous
les exploicts que les Huiſſiers &
Sergens feront, ſoit en vertu des
Arreſts de noſtre-dit Conſeil de
nos Cours, Sentences, & Iugemens, ou des Contracts, Obligations , & autres Actes, excepté
ceux concernant l'inſtruction des
procez,ſeront enregiſtrez & ſcel-

lez par le garde du petit Scel de
chaque Iurifdiction : fçauoir les
exploicts qui feront faicts en execution defdits Arrefts , Sentences, & Iugemens, par le garde du
petit Scel defdites Sentences où
lefdits exploicts auront efté faits,
& ceux defdits Contracts, Obligations , & autres Actes de cin-
quante liures , & au deffus, par le
garde du petit Scel, des actes des
Nottaires du mefme lieu , & ce
dãs trois jours apres la datte defdits exploicts: Et ceux qui auront
efté faits hors lefdits lieux, feront
enregiftrez & fcellez par lefdits
gardes du petit Scel du plus pro-
chain Siege, chacun en droict foy,
dans huit jours apres la datte d'i-
ceux: Et feront lefdits gardes des

petits Sceaux tenus de cotter au
pied de chacun deſdits exploicts
& actes, le iour & datte dudit en-
regiſtremét & ſcelle: faiſant tres-
expreſſes inhibitions & deffences
à tous leſdits Huiſſiers & Sergens
de mettre à execution aucunes
Sentences, Obligations, ou Contracts, s'ils ne ſont ſcellez, à peine de nullité des exploicts qui
auront eſté faits en conſequence,
ſuſpenſion de leurs charges, & de
cinq cens liures d'amende, paya-
ble ſans depport ny moderation,
appliquable, ſçauoir vn tiers à
l'Hoſtel-Dieu de la Ville, où la
contrauention aura eſté commi-
ſe, autre tiers au dénonciateur, &
le tiers reſtant au garde ſcel: Au
payement de laquelle Amende
les

les contreuenans feront con-
traints, comme pour nos propres
deniers & affaires, en vertu des
contraintes des gardes fcels, & fur
leurs fimples quittances, lefquel-
les nous auons approuuées &
vallidées, approuuons & valli-
dós, & voulons eftre mife en exe-
cutió par le premier noftre Huif-
fier ou Sergent fur ce requis, au-
quel nous mandons & donnons
pouuoir de ce faire, nonobftant
oppofitiós ou appellations quels
conques: defquelles & des con-
trauentions particulieres à l'execution defdits Edicts, Declarations, & des prefentes, nous auós
attribué la cognoiffance aux Iuges des lieux, nous referuans, & à
noftre Confeil, celle des contra-

uentiós generalles, laquelle nous interdifons à tous nos autres Iuges & Officiers: Deffendons auffi à tous nos fujets de faire mettre à execution aucunes Sentences, Actes, ou Contracts, fans eftre fcellez, ny de fe feruir des exploicts faits en confequéce, qu'au préallable ils n'ayent efté fcellez & enregiftrez, à peine de nullité, & de la perte des fommes deües: Voulós que les pourueus & proprietaires defdits Offices de gardes des petits Sceaux, Fermiers, ou Commis, leuent & perçoiuent à leur proffit les mefmes droicts dont ils ont bien & deuëment jouy jufques à prefent, pour le Scéau & enregiftremét des Actes des Greffiers & Nottaires, & qua-

ſere ſols pariſis pour chacun ex-
ploict deſdits Huiſſiers & Sergés,
en payant par chacun d'eux les
ſommes auſquelles ils ſeront ta-
xez en noſtre Conſeil, dans vn
mois apres la publication des
preſentes, ſur les quittances de
noſtre Treſorier des parties Ca-
ſuelles: Et leſdits Offices & gardes des petits Sceaux qui reſtent
à leuer, ſeront expediez & déli-
urez à ceux qui s'en voudront faire pourueoir, leſquels en jouy-
ront aux meſmes droicts cy-deſ-
ſus, & à faculté de rachapt perpe-
tuel, ſans neantmoins que leſdits
anciés proprietaires & noiiueaux
acquereurs en puiſſent eſtre dé-
poſſedez par reuente, double-
ment, tiercement, ou autrement,

B ij

ſinon apres douze années entie-
res de jouyſſance paiſible du jour
de la publication des preſentes,
& apres en les rembourſant
actuellement auparauant leur
depoſſeſſion, de ce qu'ils auront
payé en nos coffres, frais, & lo-
yaux couſts, & les auons deſchar-
gez & exemptez pendant ledit
temps de toutes taxes: Leur per-
mettrons meſmes de tenir vn, ou
pluſieurs deſdits Offices, les faire
exercer par Commiſſion, ou les
bailler à ferme, ainſi que bon leur
ſemblera, dont ils demeureront
ciuillement reſponſables. S I
DONNONS EN MANDEMENT
à nos amez & féaux Conſeillers
les Gens tenans noſtre Cour de
Parlement de Paris, les trois Châ-

lbres aſſemblées , Cours des Ay-
des, Baillifs, Seneſchaux, Preuoſts,
Iuges, leurs Lieutenans , & à tous
autres nos Officiers qu'il appar-
tiendra, qu'ils veriffient, faſſent
regiſtrer & publier ces preſentes,
garder, obſeruer, & entretenir,
icelles inuiolablement, de poinct
en poinct, ſelon leur forme & teneur, & faire ceſſer tous troubles
& empeſchemés, nonobſtant op-
poſitions ou appellations quels-
conques, & tous Edicts, Ordonnances, & Reglemens à ce con-
traires : Pour tous leſquels, & ſans
prejudice d'iceux ne voulós eſtre
differé, y dérogeant pour ce re-
gard. Et pource que des preſentes on pourroit auoir à faire en

pluſieurs & diuers lieux, Nous voulons qu'aux coppies d'icelles, duëment collationnées par l'vn de nos amez & feaux Conſeillers & Secretaires, foy ſoit adjoûtée, & execution s'en enſuiue comme en vertu du preſent original: Car tel eſt noſtre plaiſir. En teſmoin dequoy, nous auons fait mettre noſtre icel à ceſdites preſentes. Donné à S. Germain en Laye, le 16. jour de May, l'an de grace 1639. Et de noſtre regne le 30. Signé, LOVYS. Et plus bas, Par le Roy, DE LOMENIE. Et ſcellé du grand ſceau de cire jaune. Et plus bas eſt eſcrit ;

Regiſtrez, ouy le Procureur general

du Roy , pour l'vrgente neceßité des
affaires dudit Seigneur, & de son ex-
pres commandement, pour estre execu-
tez selon leur forme & teneur , à la re-
serue de la clause inserée en ladite De-
claration ; Par laquelle, la perte des
sommes deuës, est ordonné , faute d'y
satisfaire, & à la charge que si aucuns
differends suruenoient pour les contra-
uentions, tant generales que particulieres, en l'execution desdites Lettres, les
parties se pouruoyront pardeuant les
Iuges ordinaires , & par appel en la
Cour ; Et coppies collationnees d'icelles
Lettres, envoyees aux Bailliages & Se-
nechaußées de ce ressort , pour y estre
leuës, publiées, registrées, gardées &
obseruées à la diligence des Substituds
du Procureur general , qui en certifi-

ront la Cour auoir ce fait au mois. A
Paris en Parlement, le 22. jour d'Aouſt
1639. Signé, DV TILLET.

Collationné à l'Original par moy Con-
ſeiller, Secretaire du Roy & de ſes Finances.

www.ingramcontent.com/pod-product-compliance
Lightning Source LLC
LaVergne TN
LVHW012200170726
843503LV00009B/4291